ロールシャッハ・テスト
Sweet Code Ver.2

コーディング・システム　　中村紀子 = 監修　大関信隆 = 制作

金剛出版

はじめに
本書を手にした読者のために

　この Sweet Code は，『ロールシャッハ・テスト ワークブック（第 5 版）』（金剛出版，2003）の第Ⅲ部，第 12 章のコーディング練習にある 300 問の練習問題を，エクスナー博士のご子息クリストファー・エクスナー氏の許可を得て教材に作り直したものです。

　包括システムのテキストの集大成ともいえる『ロールシャッハ・テスト──包括システムの基礎と解釈の原理』（金剛出版，2009）（*The Rorschach : A Comprehensive System Vol.1. Basic Foundations and Principles of Interpretation, 4th Edition,* Wiley, 2002）に，残念ながら収録されなかった練習問題を，さらに学びやすい形でこのように提供できることをうれしく思います。

　ですから，この Sweet Code はあくまでも，テキストの『ロールシャッハ・テスト──包括システムの基礎と解釈の原理』に付属するものとお考えいただけるといいでしょう。すでに講座や授業で包括システムを学んだ方々が，実学であるロールシャッハ法を修得するにあたって必須となるコーディングのスキルを高めるために使っていただくものです。しかし，包括システムをまだ学んでおられない方にはこの Sweet Code は向きません。これだけではコーディングの練習もできませんし，包括システムの全体像を理解することも困難です。もし，すでに購入された方は，これを機会に講座や研修会，授業などで包括システムを学んでいただければ幸いです。すでに包括システムを学ばれ，手ほどきを受けた皆様が「ロールシャッハ・テストを身につけよう」「実際にロールシャッハが使

えるようになりたい」と心に決められたのであれば，この Sweet Code は大いなる味方になってくれることでしょう。もちろん，軽い気持ちで包括システムを学習して気負わずにどれほどやれるか試してみようと思われる方もおられるでしょう。

　ベテランの先生方には，包括システムのコードの入力，構造一覧表の作成，プロトコルのまとめやファイリングなど一連のサポートとして役に立ちます。さらに，コードに迷うときには，どのようにコードされていたか 300 の練習問題を参考にしていただくのも一案です。

　以下，Sweet Code を正しく使っていただくために，包括システムのコーディングの特徴について書きましたので，参考にしていただければ幸いです。

包括システムのコーディングの特徴

そのⅠ　正しい施行とコーディング

　『ロールシャッハ・テスト ワークブック』（以下，『ワークブック』と表記）の日本語版への序文で，エクスナー博士は 2002 年末に以下のように述べています。「包括システムを十分に使いこなすにはかなりのトレーニングと経験が必要だと気づかれると思います。トレーニングと経験で重要なポイントは，決まったやり方で施行することと，反応を正確にコードすることにあります。これらのポイントが忠実に守られてこそ，テストの結果が信頼性と妥当性のあるものになるのです」と。

　なぜ「決まったやり方で施行すること，反応を正確にコードすること」がそれほど大事だと強調されているのでしょうか。それは，これが 1960 年代からロールシャッハの研究に携わってこられた

エクスナー博士に与えられた「ロールシャッハ法に信頼性と妥当性を確保して，次の世代にこのテストが生き残るためにはどうであればいいのか」という研究課題の出発点だったからであり，終着点でもあったからです。誰が，どのようなやり方で解釈してもいいように，包括システムには決まった理論の枠組みはありません。30年余りの年月を要しましたが，2000年を迎える頃までには全米でロールシャッハと言えば包括システムのことを示すようになりました。そのことはつまり，米国を中心に世界中が**ロールシャッハ言語としてのコード**を共有し，それぞれの学派の立場から発展した解釈も可能になったということです。これは，今まで学派によって違っていたコーディングというロールシャッハ言語の壁をなくすという現象を生みました。共通の言語でいろいろな立場の人が討論し，研究し合えるというユニバーサルな土壌をエクスナー博士は築いたのです。

　世界中で包括システムが使われるようになり，世界16カ国の健常成人のデータも集められ（Philip Erdberg & Thomas W. Shaffer (1999) Tables for the International Symposium on Rorschach Nonpatient Data : Findings from Around the World Ⅰ, Ⅱ, Ⅲ. ⅩⅥ International Congress of Rorschach and Projective Methods, 19-24 July, Amsterdam ; Noriko Nakamura, Yasuyuki Fuchigami & Ritsuko Tsugawa (2007) Rorschach comprehensive system data for a sample of 240 adult non-patients from Japan. Journal of Personality Assessment 89 (S1) ; 97-102)，異なった言語や文化的背景，歴史，宗教，社会経済情勢にあっても，この施行法と反応のコードが現場のロールシャッハの専門家によってきちんと遵守されていると，その結果は国境を越えた人間の心理や病理や逸脱について共通理解のベースを提供できることがわかってきました。包括システムのロールシャッハ法が，五線譜上の音符のように「人々の心や性格」

などという目に見えない複雑なメロディーを，言語や通念を越えて，共通理解のために目に見える形（構造一覧表）に仕上げられるようになりました。

　ではなぜ「決まったやり方で施行すること，反応を正確にコードすること」がエクスナー博士のロールシャッハ研究の終着点だったのでしょうか？　このことは博士の死後（2006年2月）ますますはっきりしてきました。

　幸いなことに世界中に包括システムのネットワークが形成され，各国で研究されるようになりました。「ロールシャッハにはまだまだミステリアスなことがたくさんあり，解明されなければならない課題がたくさんある。これで研究が完成したなどというのとは程遠い」と博士は言い続けておられ，生前さまざまな研究プロジェクトを進行させておられました。しかし，オリジナル原稿を何万回もコピーしつづけているとどうなるでしょうか？　元々の鮮明な内容が失われてぼやけた内容になっていき，最初とは程遠い内容となってしまいかねません。これは予測されたことではありますが，世界中に包括システムが浸透した副作用とでもいうべき現象です。たとえば，施行法にしろ，反応のコードにしろ，「何となくこれでいいのではないか」といった学習不足による妥協や，「包括システムを恣意的に変えて施行しコードする」といった私的な変更などです。

　ほかにも，施行する際に横に座らなくてもいいのではないか，質問段階のやり方は包括システムで規定している通りでなくていいのではないか，言語としてのコードのみ包括システムにしてあればいいのではないか，形態水準表に載っていない反応はすべてマイナスとコードしていいのではないか，といった間違いがあります。「決まった施行法と反応のコード」は，包括システムの生命線として切り離すことができないものです。その所以や意味と意義を学び，理解したうえで，コードに取り組んでいただけることを強く願ってお

ります。

　「ロールシャッハを使うなら正しく使え」とエクスナー博士は言いました。今こそ，その言葉の意味が重要であると思います。どうであれば「正しい」のか？　ロールシャッハの「正しい」使い方とは，「決まったやり方で施行すること，反応を正確にコードすること」であり，そうすることで一定の信頼性や妥当性が確保できるのです。

そのⅡ　コーディングの練習

　コーディングのスキルを上げるためとはいえ，『ワークブック』に載っていた 300 の練習問題は苦行でもあり，あまり楽しいものとは思えませんでした。

　ところが，『ロールシャッハ・テスト──包括システムの基礎と解釈の原理』を訳出してしばらくしてから，この大著には，「ワークブック」と『ロールシャッハの解釈』（金剛出版，2002），『現代ロールシャッハ体系』（金剛出版，［上巻］1991 ／［下巻］1992）をカバーする最新の研究のすべてが網羅されているのに，『ワークブック』に含まれていた 300 の練習問題だけが割愛されていたことに気がつきました。いざなくなってしまったときに，困りました。包括システムを学ぶ初学者に提供できるコーディングの練習がないのでは，安全が確保された自動車教習所でミスを指摘されつつ練習する機会がないようなものです。講義を聴いて学習していただいて「はいわかりましたね」「ではやれますね」といって仕上がるほど，人の言うことをロールシャッハ言語に通訳し翻訳するコーディングの技術は簡単でもなければ単純でもないのです。筋肉運動のように実際にやって慣れていきながら，体に覚えこませて学習していく必要があります。

　幸い，エクスナー博士のご子息クリストファー・エクスナー氏が私の直面したこの事態に共感してくださり「一番いいと思う方法で，

はじめに

『ワークブック』に掲載されていた練習問題のセクションを書籍やツールにして，包括システムの教育に活かしてください」と応援をしてくださいました。さらに幸いなことに，明確なコードができるようになるためには 300 の練習問題を繰り返し利用する必要があることに着目していてくださっていた大関先生が工夫して作成されていたソフトが追い風になりました。本書に添付されたこのソフトを使えば，練習に取り組みやすく，間違いをチェックしやすく，間違いから再学習することが可能です。さらにコードに迷ったときには，300 の反応ではどのようにコードされていたかを逆引きできるので大変便利です。初学者のときだけでなく，日常の臨床や研究そして教育に，末永く活用していただけるのではないかと思います。

そのⅢ　300 の練習問題への取り組み方

　（1）期間を決めてコーディング練習に取り組みます。おそらく１カ月か２カ月を目安にするのがいいのではないでしょうか？　１年もかけてやるものではありません。集中してやりましょう。一度自転車に乗れるようになったら，しばらくぶりで自転車に乗っても乗れるように，しっかり集中して練習しておくことが肝要です。「からだ」のレベルにまで正しいコードがしみこむように練習します。ロールシャッハのコードは新しい言語ですから初めは誰でも間違いますが，そのときがチャンスです。どこを間違ったのか，何を理解していなかったのかを，テキストに戻ってその概念について確認してインプットしなおしてください。

　各セクションはそれぞれのテーマをもっています。セクション１と２の 75 個の練習は，複雑でない反応のコードをこなしながら，さまざまな決定因子を見分けられるように工夫されています。実際にロールシャッハを施行するときには必ず使う基礎のコーディングを習得できるように配慮されています。セクション３と４の 65

個の練習は少し急勾配です。複雑になってきてよく考えなければコードができないと感じるかもしれません。ここで投げ出さないでください。すぐに解答を見てどうコードするのか確認したくなるかもしれませんが辛抱してください。自分の頭の中にロールシャッハ・コードの回路を定着させる機会です。一つひとつの反応領域，決定因子，スペシャルスコアのどのコードにもうっかりミスをしないように，力試しの問題で「コード力(りょく)」を逞しくします。セクション3と4を乗り越えられたら5と6の90個の反応をコードしているうちに，難しい課題にチャレンジしているご自分を発見されるかもしれません。包括システムのさまざまなコードが自分の中でつながりをもって，自分で自分を納得させながらコードできると少し楽しくなります。ここまでが学ぶための練習とすると，最後のセクション7と8の70個の反応は，学んだことを確かめるための，おさらいに当たります。珍しいスペシャルスコアにたくさん遭遇しますが，人の認知知覚はさまざまであることを経験し，自分の物の見方を卒業して，自分ではない別の人の物の見方を体験できる稀有なトレーニングが終了します。

　（2）300の練習問題は3回繰り返しましょう。3回やると900個の反応をコードしたことになります。その後で，練習のために誰かに頼んで受検者になっていただき，包括システムの施行法に則って（包括システムの施行法は構造化されています。詳細はこのSweet Codeには載っていません。『ロールシャッハ・テスト──包括システムの基礎と解釈の原理』の第Ⅱ部第4章「ロールシャッハの施行──決定と方法」に準拠してください），3〜4人のボランティアの方々にロールシャッハを施行します。平均の反応数は1人25個位ですので，実際にロールシャッハを3〜4人に施行すると合計100反応あまりをコードしたことになります。そうすると，300の練習問題を3回繰り返した900反応に，実際

に施行したプロトコルの 100 反応余りを加えて，1000 個（約 40 人分）の反応をこなしたことになります。これだけ練習すると，実際に実務でロールシャッハを施行しても，いくらか自然で無理なくやれると思います。

　（3）300 の練習問題を 3 回繰り返すときには，セクション 1 から 8 までを一気に 3 回繰り返さないでください。

　セクション 1 と 2 には，たいていのロールシャッハ反応をコードするときに必要な 50％を構成する，さまざまなコードの基本の練習が盛り込まれています。まずセクション 1 から 2 へ進んだら，そのままセクション 3 へ行かず，もう一度セクション 1 に戻ってください。2 回目は，セクション 1 から 3 まで進みます。3 回目は，またセクション 1 に戻って，4 まで進みます。これで，セクション 1 と 2 はもう 3 回やりましたから，この次はセクション 3 から始めて 5 までをやります。セクション 3 は 3 回終えたので，次はセクション 4 から始めて 6 まで進みます。次はセクション 5 から 6 と 7 へ，次はセクション 6，7，8 をやり，最後にセクション 7 と 8 を練習し，最後の最後にもう一度セクション 8 をやっておしまいです。図式化するとこうなります。

```
1 回目：§ 1 － § 2
2 回目：§ 1 － § 2 － § 3
3 回目：§ 1 － § 2 － § 3 － § 4
4 回目：　　　　　 § 3 － § 4 － § 5
5 回目：　　　　　　　　　 § 4 － § 5 － § 6
6 回目：　　　　　　　　　　　　　 § 5 － § 6 － § 7
7 回目：　　　　　　　　　　　　　　　　　 § 6 － § 7 － § 8
8 回目：　　　　　　　　　　　　　　　　　　　　　 § 7 － § 8
最　後：　　　　　　　　　　　　　　　　　　　　　　　　　 § 8
```

このような段階的なコード練習をお勧めする理由は，最初にセクション1からセクション8まで進むと，最後のほうにあるセクションの難しいスペシャルスコアに頭を痛めて，コードが嫌になる可能性があるからです。さらに大事なのは，最初に間違ったコードの癖をつけてしまわないようにすることです。勘違いや学びそこないは誰にもありますが，容易な反応の課題から着実に正しいコードを身につけていかれる方のほうが，後での伸びがいいようです。コーディングは新しい（ロールシャッハ）言語の習得と同じですから，簡単なフレーズから繰り返して覚えてしまい，慣れてしまうことで，その先の難しいコードを積み上げていく地盤を作れるのだと思います。「セクション7やセクション8は学んだものを確かめるための70個の反応です。この最終セクションの反応を正確にコードできて間違いが少なければ実際のプロトコルでも反応の主だった特徴を正しく聞き分けて把握できたと自信を持ってください」と，著者エクスナー博士は最後のセクションを卒業問題のように位置づけています。ですから，ゆっくりセクション7やセクション8にたどりついて確実にコーディング・スキルを身につけて卒業していくことをお勧めするわけです。

　（4）ジグザグにセクション1からセクション8までを3回繰り返して300の練習問題をこなしていくときに，同じ風景を見ないように目線を変えましょう。

　最初に反応を読みながらコードするときと違って，2回目には「あ，あの反応だな」と思い起こすこともあるかもしれませんし，2度目ですから少し余裕が出てきます。まして3回目になると，飽きてくるかもしれません。ですから，3回目は自分が実際に受検者から反応を聞いている検査者になったつもりでコードしてみてください。つまり，反応によっては質問段階で検査者が質問している

ところがありますが，「なぜここでこういう質問をしたのだろう？」「何を確認するつもりだったのだろう？」「キーワードに沿った質問だっただろうか？」など，コーディングを練習する立場から，検査者の立場に成り代わって反応を確認してコードしてみてください。同じ反応の繰り返しの練習ですが，目線が異なることで再学習の効果が高まると思われます。

　（5）300の練習問題から，セリフのように質問段階のフレーズを覚えましょう。

　質問段階で自分が検査者として何を聞いたのかについては「？」としか記録されていないプロトコルを作っていませんか？　それでは，自分の言ったことを棚に上げて相手の言ったことだけを問題にしていて好ましくありません。私たち検査者が何と言ったか，どのような言葉を使ったかはとても重要な刺激であり，それに呼応した説明を受検者はするわけですから，検査者が自分の使った言葉を記録しておくことは基本的なルールです。でも，施行しているときには，時間がなく，忙しくてそんな暇はないので「？」とマークしておくというのもよくわかります。では，どうしたらいいのでしょうか？

　よく目を凝らして，300の練習問題の質問の出し方を検討してみてください。必ず相手の使った言葉や言い回しをそのままなぞって説明を求める質問をしています。相手の使わなかった言葉を使って質問をするのは，たいていの場合勇み足です。受検者は検査者に合わせて返答することが少なからずありますから，十分配慮して「はい」「いいえ」で応えられるような閉じた質問様式を取らないように注意したいところです。目を凝らしていただくと，質問段階では「～について，もう少し教えてください」「～がよくわからなかったのですが，それをもう少し説明してくれますか？」という一般的な質問の仕方をしているのがおわかりいただけると思います。いつも決まった「セリフ」を使って質問段階をやっていると，次のよ

うにどんなに長くても自分が使った言葉の記録が可能になります。早速 Sweet Code から 2 つの例を引いてきます。番号は Sweet Code に載っている反応の番号です。

　　①V 10　まあ，どこかの臓器かな。(E：繰り返す)　S：そう，どこかの臓器。(E：**私にもわかるように教えてください**) S：全体です。

　この太字で強調した検査者の言葉は，私の場合は（wo）と記録します。ほかにも，以下のような略語を使って自分の言葉を残します。

　　wo＝〜を私にもわかるように教えてください。
　　ss ＝〜を説明してください。
　　zm＝〜をこの図版でどう見たらいいですか？
　　TYLS ＝ 急いでいませんのでゆっくり見てください。ほかにも何か見えると思います（これは I カードで 1 つしか反応しないで終ろうとする受検者を励ますときの決まった介入のセリフです。英語の "Take your time, look some more, you will find something else" というフレーズを略したもの）。

　これはロールシャッハを施行しているときにはほぼ同じフレーズをいつも使っているからできることでしたが，次は相手の言葉を "テゴ" にする例です。

　　②Ⅸ 254　バイクに乗っている女の人です。(E：繰り返す)　S：ハンドルにのしかかっていて，これが頭で，身体，このピンクのところは排気ガスか何か。(E：排気ガスか何かというのを教えてください)　S：排気ガスではなくて，後ろに土

はじめに

が舞い上がっているのかも。

この記録を私がするならばこうなります。

　　Ⅸ 254　バイクに乗っている女の人です。(Inq) Ｓ：ハンドルにのしかかっていて，これが頭で，身体，このピンクのところは排気ガスか何か。(＿＿＿＿＿wo) Ｓ：排気ガスではなくて，後ろに土が舞い上がっているのかも。

　質問段階で相手の言葉を記録するときに，確認したい言葉やキーワードに記録しながら下線を引いておきます。ここでは，「排気ガスか何か」がそれに当たります。そしてそれをその通りに繰り返して「教えてください（＿＿＿＿＿wo）」または「説明してください（＿＿＿＿＿ss）」とすれば，「排気ガスか何か」に対して自分が何を聞いたのかが記録に残ります。しかも，相手の使った言葉をそのままトレースすることができるので安全な介入ができます。最小の記録で最大の質問の効果が得られることを，この"テコ"の原理でお試しください。

　1990年代にエクスナーのロールシャッハ研究財団で行われたラムダについての研究結果から，質問段階では「〜の特徴は？」「特に〜に見えたのは？」「〜について詳しく説明して」という質問をしないことになりました。「特徴」「詳しく」「詳細に」などの言葉を使わないで，もっと普通の言葉で介入して説明を求めるほうが，受検者の見ているものについて必要十分な情報が得られるということがわかったからです。ロールシャッハのコードに必要な介入の「聴き方の訓練」として，うまい質問の仕方を学ぶために，3回目に練習問題に取り組むときには，検査者が質問を差し挟んでいるところに注目して，その聴き方のパターンをセリフのように取り入れま

しょう。

　もし，今ロールシャッハを施行するときに質問段階で「〜という
のは？」とか「〜らしさは？」「ほかには？」という言葉を使って
おられるとしたら，それは包括システムの施行法ではないのです。
「検査者が使う言葉にはあれこれそんなに規制があるのか！」と怒
りを覚えられるかもしれません。ですが，包括システムではハンス・
ヒューバー社の 10 枚の図版を使用するという以外に，以下の 3
つの条件を構造化することでロールシャッハの結果の信頼性を高め
ています。その 3 つとは以下の通りです。

　　（1）テスト環境の構造化（テストを受ける環境を一定にす
る──2 人の座席は 180 度の位置，計時しない，限界吟味や
イメージカードの選択をしないなど）
　　（2）テスト状況の構造化（テストが始まったらテスト状況
を一定にする──検査者は一定の言葉で一定の決まった介入を
します。「何に見えますか？」とだけ言ってスタートし，この
言葉は勝手に変えません。図版Ⅰに対して反応を 1 つしか言
わないときには一定の励ましをするなど）
　　（3）テスト・データの構造化（得られたデータを信頼性の
あるものにする──反応拒否があったり反応数が 13 個以下の
プロトコルは，特別に反応数が少ないと言えます。このような
結果からは自殺の可能性を評価できなくなり，精神病か否かを
判断するのが困難になるので，解釈上リスキーなデータである
ことがわかりました。また逆に反応数が 50 個以上多くなる場
合は時間がかかるものの必ずしも結果が豊かになるわけではな
いことがわかってからは，信頼性のある結果を導くために，で
きるだけ間接的な方法で検査者が介入して，重大な心理機能を
できるだけ明確に判断できるデータを収集する手はずを取るこ
とになりました。反応数が 13 個以下の場合は，そのまま質問

はじめに

段階に進まないでその場で再テストに入って，もう一度最初からやりなおすことを提案しますし，最初から1つのカードに5個以上の反応しているときには一定の介入をします）

　さらには，包括システムは言外の領域に立ち入らないロールシャッハ法であると思います。受検者が「言ったこと」をコードするのであって，「見たもの」をコードするのではありません。キーワードに沿って質問をしますが，受検者が言わなかったことはコードしないという大原則がはっきりしているからです。包括システムの施行法の手続きに従って，決まったやり方で施行することは，精度の高いコードをするための必須条件と言えます。

そのⅣ　大間違いと小間違い
「コードのつけ落とし（アンダーコード）」と「コードのつけすぎ（オーバーコード）」について

　エクスナー博士は，「ときにはCFかCか，FCかCFか，FYかYFかなどについてスコアラー間で意見の違いがあることを知っておくことは重要である。決着がつかない場合もあるが，それに関する基準を丁寧に調べ，忠実にあてはめると，ほとんどが解決されるはずである」と書いています。これらの違いは，どちらかに振り分けるならば「小間違い」に当たります。CFかCかはもちろん区別したいところですが，少なくともどちらかがコードできていれば専門家にもありがちな迷いの範疇となります。

　初学者が陥りやすいのが，「大間違い」に当たる「コードをつけそこなう，コードのつけ落とし」です。これは多様な心理学的特徴をもつ受検者の全体像を間違ってとらえ，歪めてしまいます。この例は，FTやFVなどの決定因子やFoodの反応内容など，1つのコードのつけ落としが解釈仮説に大きく関与する場合には特に重大なエラーとなります。

　コードのつけ落とし／つけそこないのエラーの反対は，過剰（オーバーコード）とい

われるコードをつけすぎるエラーです。スペシャルスコアの ALOG や AB，反応内容の Hx などがその例です。これらのコードは確かに理解するのが難しいうえ，出現頻度が少ないので，教科書で概念を学んでいても実際のプロトコルではコードに迷うものです。これらの最も困難なロールシャッハのコードを安全に正しくコードできるようになるには，何回も練習問題で間違いながら，概念を再確認して納得していくしかありません。

　頻出するコードのうちコードをつけすぎる可能性があるものの代表は MOR 反応です。図版Ⅴで「気持ち悪い虫」というだけで，MOR をコードしたら間違いです。また，Dd99 の反応領域について間違って学習していると，1 つのプロトコルにやたらと Dd99 が多くなることがあります。もし自分がコードした記録に，Dd99 や MOR あるいは Hx などが 5 つ以上あって目立って多いなと感じたら，自分が正しくコードをつけたかもう一度確認するといいでしょう。人はそれぞれ癖をもっていますし，一度にすべてのことをすっかり学ぶのは難しいので，ときどき自分が理解していることを再チェックすることも必要です。自分でもコードの基準に戻って確認することができますが，研究会や勉強会，研修や講座などに出ると，自分の考え違いや癖をチェックすることができます。特に学び始めは，できるだけ孤独に学ばないようにするといいでしょう。

　300 の練習問題には，このような個人が陥りやすいさまざまな問題や，基準を理解するのが困難な概念について，繰り返し練習ができるように反応が用意されています。

そのⅤ　コーディングの手順

　Sweet Code に取り組むときは，「わかったところからとりあえずコードしていく」「声に出して読みながらコードする」「一人でやる」という 3 拍子の方法をお勧めします。

コード全体を全部自分の頭の中で構成して，最後に一気に最初から最後まで全部のコードを書き出す人たちがいます。この方法の副作用としては，自分の頭の中に貯め置いている間に，検査者の「考え」や「見方」や「解釈」が入りこんで歪んだコードになることが挙げられます。あくまでも受検者の言ったことをコードするのですから，相手の言葉から確認しうるコードがわかったなら，わかったところからとりあえずコーディングしていきます。必要であれば後からコードを修正すればいいわけです。こうすると「相手の見方」に沿った純度の高いコードができます。例えば，図版Ⅲで，「女の人が2人向かい合っています」という反応があったとします。質問段階で繰り返したところ，「そう，こちらとこちらに女の人がいて，顔で手で足で身体」という返事があった場合，横座りで一緒に図版に示された領域を見ていればＤと2ＨとＰまではわかりますので，このコードを記録します。「**向かい合っています**」というのはキーワードです。このように，キーワードには記録しながら下線を引いておくと便利です。これがキーワードになる理由は，「ここには"運動"があるのか？　向かい合っている"状態"で形だけなのか？」ということについて，受検者に教えてもらわなければわからない含みのある言葉だからです。前述しましたが，このように記録するときにキーワードに下線を引いておくと，質問段階で，自分が言った言葉を記録するときに「(＿＿＿＿ss)」と略して簡単に残せます。この質問に対して，「そう，向かい合って2人で何かしているんです。2人で一緒にお餅つきしているんですね，だからこれは臼です」と言われれば，運動があるとはっきりしましたので，「DQ+ Ma Hh ZA COP」を加えられます。最終的に「D+ Ma 2H, Hh P ZA COP」までわかったので，コードに必要な要素（反応領域，決定因子，反応内容）がすべて確定できたことになり，この反応への質問は終わります。このように確定できた要素を次々にコードに落とし込んでいくと，まだ確定できていない残りのコードは何か，

聴けていなくて抜けているコードは何かがわかりやすく，質問も差し挟みやすくなります。最後に，テスト終了後に検査者が1人で反応を完成させます。形態水準表を参照して反応領域の番号と，形態水準やZスコア，あればスペシャルスコアを入れてコードが完成です。この反応は段階的に以下の順で完成しました。

①D　2H　　　　　　　P
　　　　　　　　　　　　（テスト場面での2人作業）
②D+　Ma　2H, Hh P ZA COP
　　　　　　　　　　　　（テスト場面での2人作業）
③D+1Mao 2H, Hh P 3.0 COP, GHR
　　　　　　　　　　　　（テスト終了後の1人作業）

　ロールシャッハを施行しているテスト場面では，逐語記録を取り（自分の発言は略語で記録し）ながら，同時にコードを確定していきます。その際に，受検者がいるテスト場面でコードが確定できていなければならないのは，①反応領域（どこを見たのか），②決定因子（aかpかも含め，図版の何が手がかりになってそのように見えたのか），③反応内容（見たものは何だったのか）という3つです。これはコーディングの3本柱と言える，その屋台骨となるものです。その理由は，この3つの要素は受検者本人に説明して教えてもらわなければ，テストが終わって受検者がいなくなった後からでは情報をもらえず，正確なコードができなくなる要素だからです。先の例では「向かい合っている」がそれに当たります。狛犬のように「向かい合っている」状態であれば決定因子は形態だけです。運動反応であれば2人の間には関係があるのか（DQ+とZスコア），動きは積極的なものか消極的なのか（a-p），不確かな要素（COP）がたくさんあります。この「向かい合っている」を質問しないままにすると，これらの不確かな要素に検査者が答えなければならなく

なります。このように含みがあって，にわかに言葉だけではわからない受検者の発言を「キーワード」と言います。検査者が「〜だと思った」（「向かい合っている」というのを質問しないで，「Fだと思います」とか「Mだと思った」となる場合）というコードが多くなればなるほど，コードの精度は下がります。そうならないためには，キーワードを聞き分けられるようになることが肝要です。このキーワードが見えてくるとベテランに近づいていきます。キーワードが見えてくるということは，自分に何がわかって何がわかっていないかを区別することができてきたということだからです。

　この反応領域，決定因子，反応内容の3本柱はその場でしか確定できませんから敏感になりましょう。実は，それ以外の反応領域の番号や形態水準，PやZスコアの数値，スペシャルスコアは，受検者が退出された後に，検査者が逐語記録をもとに1人でもテキストを参照しながら数値やコードすることができます。ですから，初学時にロールシャッハを施行するときにはとにかくこの3本柱に焦点を当てて正確にコードする，そのためには質問段階で確認して教えてもらうことを辞さないように心掛けるといいのではないでしょうか。「聞きすぎてはいけないのではないか？」ということは，包括システムの質問段階の手順に則る限りいらない心配です。「この図版で，どう見たら同じに見えるのか教えてください」という基本的な One-Down Position で質問をしている限り，決して相手の見ていなかったことまで語らせることにはなりません。

　このように，わかったところからコードを確定していくやり方は同時通訳と似た作業となりますが（私の造語ですが「出くわしコーディング」と呼んでいます），コードに何が足りていないかがわかりやすく，質問を差し挟みやすくなります。精度の高いコードができるということは，検査者の目や耳や対人能力や専門知識を駆使してロールシャッハ・テストをしながらも，限りなく検査者の個人的

なバイアスを含まないコードが可能であるということです。相手が見たものを，図版という現実（fact）に戻りながら，その現実を使って「図版に受検者が見たのと同じように検査者が見えれば」自然に精度の高いコードが確保できます。相手と同じに見える，これは実は簡単なようで難しいことです。

　次に，反応を声に出してコードすることをお勧めする理由は，コードをするときの感覚器官が，視覚，聴覚，そして反応を読んでいる自分の声（声帯）の３つのチェックポイントを通過することになるからです。このような練習を積んでおくと，実際にロールシャッハを施行するときに自分の感覚器官がよりよく働いてくれる可能性があります。

　最後に，なぜ「１人でやる」ことをお勧めするかは，単純明快です。集団でやるものではないからです。コードは，みんなでワイワイ集まって一緒に「どうするどうする？　ALOG にする？」「どうコードしようか？」と相談し合って決めるものではありません。人が，人の見たものや言ったことを聞き分けようとするのですから，難しいし，迷いますし，悩みます。何年やっていても目の前に現れる受検者の方々は一人として同じではないので，いつまでもコードには迷いますし困ります。ですから，そこで基準に戻って学びなおしてどのようにその困難を解決して物にしたかが大事です。誰かに聞いても，その誰かが自分よりそのコードについてよりよくわかっているとは限りません。間違うのであれば自分で責任を取ってしっかり間違わないと，なぜ違っていたのか自分のまちがいから学ぶことや修正することができません。何となく間違い，誰かを頼っていたのでは，無責任になって進歩しません。孤独ですがコードは自分１人でするものです。もちろん，そのうえで先輩や同僚，スーパーバイザーに確認するなり，研究会で揉んでもらうなりすることは，言うまでもなく大事ですし必須なことです。

そのⅥ　よくある疑問

　練習問題で遭遇する迷いや，これまで開催してきた講座などでいただいた質問のあれこれについて解説します。ここで示す図版と番号は，Sweet Code の番号です。

反応内容

　（1）食べ物について――食べ物が植物としての原形のまま知覚されている場合，Fd と Bt を両方コードします（Ⅸ 58 丸いのでリンゴのよう＝ Fd, Bt）。もしこれが，「リンゴの皮をむいて 8 つ切りにして皿に盛ってある」のであれば，植物としての知覚はないので Fd だけです。

　（2）Ay について――Ay は特定の文化や歴史の意味をもつ反応とされています。ここには "far away, long ago" というニュアンスが含まれていて，「遠い昔，ずっと以前」の歴史や文化である必要があります。

　　①気やすく Ay はコードしません。よほど歴史的に意味のあったお城でない限り，ただの「お城」には Ay をコードしません（Ⅲ 237「ガンジーの顔」は Hd ですが，Ⅵ 284「キリストが立っていて」は H, Ay となっています。つまりガンジーは Ay のカテゴリーに該当しないのです。キリストであれば Ay ということです）。「中国服を着た」「民族衣装を着た」「日本の刀」なども文化や歴史の香りがするかもしれませんが，Ay とコードしません。Ay とコードするには，発掘したら存在するかもしれない，博物館で見られるような長い歴史の含みを必要とします。

　　②1 つの反応に Ay も加えてコードする場合があります。図版

Ⅳ全体で「マンモスの頭」という場合は Ad, Ay とします（Ⅹ
274「2匹の灰色の恐竜」も A, Ay です）。

（3）Hx（人間的体験反応）について——後述するスペシャルス
コアの MOR と一緒に解説します。

（4）水に映っているときの水について——鏡や水に映っている
という反応の場合，実像と映っている虚像だけを見ていることがほ
とんどです。そこに鏡があるという前提で映っている同じ姿形のほ
うを見ているわけです。ですから，反応内容に鏡は入れません。水
に映っていても同じなのですが，水に映っている場合に受検者の説
明の中に「これが水で」と映っている虚像だけでなく水の存在を述
べたり，水面を特定したりすることがあります。その場合は水（Na）
をコードします（Ⅵ 90「木が水に映っている」＝ Ls，192「何
かが映っているようで湖のそばのキャンプファイアーかも」＝ Fi
／Ⅸ 136「ジャングルが水に映っている（真ん中が水で）」＝ Na
（水を含めた知覚なので Na をコードします））。

ペア反応
（1）「一組の」をペアとしない場合について——肺や腎臓など両
側にあっても2つで一つながりの機能をしている場合は，ペアと
しません。図版Ⅳで「人がブーツを履いている」という反応は，**人
の両足に**履いているブーツなのでペアとコードしません。

（2）「一組」でもペアとする場合について——知覚されたときに
「両側にある」という意味で述べられ，つながりが付加されていな
ければペアとします。図版Ⅳの反応で「ポールに掛けてあるブーツ
が両側にあります」（＝ 2 Cg, Sc）や，図版Ⅴ「両側にハイヒー
ルを横向きにこう並べてあります」（＝ 2 Cg）という場合です。
また，図版Ⅶ Dd21「こっちの指は右へ行こう，こちらの指は左
へ行こうと反対を指さしています」は 2Hd となります。

はじめに

スペシャルスコア

（1）AG の表情について――攻撃を向ける対象がはっきりしているときにコードします。「怒っている顔」や，「犬が吠えている」だけでは AG はコードしません。泣いている，笑っているのと同じで，ただの運動反応とみなします。これらに，AG をコードするには，「**誰かに向って**怒っている顔」や，「**こちらを**睨みつけている」などの攻撃を向ける**対象**が含まれている必要があります（Ⅰ 101「イヌの顔，怒っています（口をあけてうなっています。ちょうどイヌが**何かに**怒ったときにするように）」＝ AG）。

（2）MOR について――なぜ MOR をつけ，いつ MOR をつけるのでしょうか。

①なぜ，「Ⅵ（W）リンゴを半分に切ってある，この辺に種があって」というのに MOR をコードするのか？　これは，丸いリンゴを半分にして「元の形ではなくなっているから」です。

②どうして「Ⅴ（W）気持ち悪い虫」は MOR ではないのか？理由は，MOR として語られたダメージや損傷が，見ている図版の対象に帰属（投映）していなければ MOR とコードしないからです。ここでの「気持ち悪い」という反応は，反応しているその人が感じたことであって図版の虫に生じた（投映された）ものではないからです。虫はここでは「ただの虫」で，それに対して受検者が"気持ち悪い"と反応しているのです。これでは，「気持ち悪い」属性が「虫」のものになっていません。では，MOR になるようにこの反応を作り変えてみます。「Ⅴ（W）飛び出ているのは内臓で，つぶれていて気持ち悪い虫です」であれば，「気持ち悪い」というのは図版の虫の属性として示されているので，「気持ち悪い」というのは見ている人の感想や評価ではないことがはっきりし

ます。“この虫が”損傷した（MOR）ものとして語られています。

（3）Hx について——Hx も MOR の②の説明が当てはまります。「Ⅳ（W）怖い巨人」は Hx ではありません。「怖い」と思っているのは受検者で，見ている側の感情です。私たちがコードするのは，図版を見ている人の感情や評価ではありません。図版を見ている人が「悲しそうな～」「さみしそうな～」「うれしそうな～」というのは，図版Ⅷを見て「まあきれいな～」と感想を言っているのと同じです。Hx とコードするには，「見ている**対象**がその感情や感覚を体験している，感情や感覚が**対象の属性**になっている」必要があります。いくつか例示します。「Ⅳ（W）図体は大きいけれど気が小さくて**恐怖におびえている**巨人」＝ Hx，「Ⅳ（W）手をだらんと垂らして，**落ち込んでいる**人」＝ Hx。もし「手をだらんと垂らして，さみしそうにしています」であれば，この「さみしそう」は見ている側の評価なので Hx ではありません。「Ⅶ（W）シーソーで遊んでいる２人の女の子。２人は楽しくて**満足しています**」は Hx ですが，「楽しそうにシーソーで遊んでいます」の場合，「楽しそう」は見ている人の評価ですから Hx ではありません。「その Hx は誰のものか？」を考えてみることをお勧めします。また，Hx をコードするときは，必ず形態質のない M を決定因子としてコードすることも忘れないでください。

（4）「どれを指して DR とコードしているのか？」について——DR は図版に「見えたものを説明する」という目下の課題から離れる現象をコードしますが，その際に**図版に手がかりのない**説明や，**図版に根拠がない**ことを話してしまうのが DR です。語っている本人の記憶や，連想の中にしか手がかりや根拠がないことが思い浮かんで，反応と一緒に語ってしまった場合が DR です。思考の逸脱というよりも，感情や情緒のコントロールや焦点づけの問題が思

考に影響したものと考えられます。

　　　Ⅹ 292　魔法使いが呪文を唱えています。(Inq)みんな違っ
た色で，それぞれ違った意味を表しています。それぞれに何か
意味がありますが，私にはわかりません。　　　　　　（＝DR)

　これがなぜDRなのでしょうか。「違った色が**違った意味を表し
ている**」と言ったものの「それぞれに**意味があるけれど私にはわか
らない**」と図版の手がかりに戻って説明できなかったからです。自
分の反応から連想が浮かんで，"違った意味がある"と自分の中で
思ったことを言ってしまったものです。図版の現実から一瞬離れて，
反応から少しずれてしまいました。このように現実の図版からずれ
ていく現象をDRとコードします。いらない一句を差し挟んだと
いうことになります。もし仮に，「色が違っていて暖色は温かさ，
寒色は冷たさを表している」とか，「とがっているのが悪意を示し
ていて，丸いのは善意を表しているんです」というように，図版の
手がかりとして違った色が違った意味を表していることを説明でき
れば，DRにはならなかったわけです。

さいごに

　ロールシャッハ法は独学や，書物による学習に向きません。華道
や茶道あるいは武道には「作法」や「呼吸」や「間」というような
所作振る舞いの一つひとつに「型」がありますが，おそらくそれを「身
につける」のに似ているのだと思います。そのためには「手ほどき」
と「鍛錬」が必要です。しかし，実はどのような対人援助職の専門
家にも，「人の話を聴く」ときには何らかの作法や，呼吸，間といっ
たものが必要です。このプロセスは「ロールシャッハを決まったや
り方で施行して，相手が言ったことを正確にコードできるように鍛

錬する」ことと同じものであるように思います。根気が必要で，面倒なロールシャッハの学習ではありますが，これは臨床家が歩む道筋と同じものです。2人関係を作って，上手にロールシャッハを施行し，相手の言うことを聞いてロールシャッハ言語に通訳することができるようになるということは，2人関係を作って相手の言っていることを理解するという面接の中で行っていることと同じプロセスです。良い臨床家になるためには，いずれにしましても何らかの訓練（鍛錬）が必要です。

　高度な精神測定技術であるロールシャッハ法に取り組まれた臨床家の皆様にとって，この Sweet Code が名称の通り，いくらかでもこの苦行の訓練課程に喜びや楽しさ，達成感をもたらすものとなりますよう心から願っております。

　最後に本書を活用していただくのに必要な教科書をもう一度記しておきます。

『ロールシャッハ・テスト──包括システムの基礎と解釈の原理』（金剛出版，2009）

　本書の出版にあたり，包括システムのロールシャッハにご理解を示してくださる金剛出版の立石正信社長と，細やかなサポートをおしみなく提供してくださった藤井裕二氏に感謝いたします。

2016年5月

中村紀子

目　次

はじめに——本書を手にした読者のために（中村紀子）.......... 1

Sweet Code の概要（大関信隆）.......................30

  1 コーディングの練習 31

  2 スコアの継列や構造一覧表などの作成 32

  3 コードの検索 34

  4 Ver.2 の新しい機能について 35

Sweet Code の使い方.............................36

Ⅰ セットアップガイド 37

  Ⅰ-1 動作環境 38

  Ⅰ-2 インストール 40

  Ⅰ-3 Sweet Code のファイル構成 42

  Ⅰ-4 起動と終了 44

  Ⅰ-5 アンインストール 46

Ⅱ コーディングの練習 47

  Ⅱ-1 練習開始までの準備 48

  Ⅱ-2 練習の流れ 52

    1 練習用ウィンドウの説明 52

    2 練習方法 54

    3 練習成績の確認 56

    4 練習の終了と結果の保存 60

    5 練習の再開 62

    6 練習成績の推移の確認 62

Ⅲ プロトコルデータの入力と分析 65

  Ⅲ-1 プロトコルデータを新規入力する 66

    1 入力の準備 66

    2 ケース情報の入力 68

    3 データ入力 70

    4 データ分析 74

	5	プロトコルとロケーションチャートの印刷	76
	6	データの保存と終了	78
	7	領域図の描画方法と拡大表示	82
Ⅲ - 2		入力済みデータを編集する	86
	1	入力の準備	86
	2	編集するファイルの指定	88
	3	データ入力	88

Ⅳ　コードの検索 91

Ⅳ - 1		コードの検索方法	92
	1	検索の準備	92
	2	検索対象の指定	94
	3	検索条件の指定と検索の実行	96

Ⅴ　その他の操作説明 99

Ⅴ - 1		メニュー構成について	100
	1	［ファイル (F)］メニュー	100
	2	［編集 (E)］メニュー	102
	3	［ツール (T)］メニュー	104
	4	［作業中のウィンドウ (W)］メニュー	104
	5	［ヘルプ (H)］メニュー	106
Ⅴ - 2		環境設定ウィンドウについて	108
Ⅴ - 3		データのセキュリティについて	110
	1	［Group Only］について	110
	2	［Read Only］について	112

あとがき（大関信隆） 113

Sweet Code の概要

　包括システム・ロールシャッハ・テストは，それぞれがユニークな存在である受検者の人間像を生き生きと浮かび上がらせてくれる非常に有用なアセスメント・ツールです。私はこのテストを EJA（エクスナー・ジャパン・アソシエイツ）の講座で学び始めましたが，学習当初，そのコードの複雑さやコーディングの確認に多くの時間を費やすことに驚いたものです。しかし，コーディングと解釈という一連のプロセスを繰り返してゆくなかで，プロトコルを正確にコードすることが解釈を適切に行うためにいかに大切であるか，次第に痛感するようになりました。プロトコルをコーディングするという行為は，受検者の言葉を単なる無味乾燥な記号に置き換える作業ではなく，包括システムを使う私達が個人の主観的判断を超えて共通の視点で受検者の人間像を理解するためのロールシャッハ言語へと翻訳する重要な行為と言えるでしょう。この非常に意味のある，でも少々複雑で骨の折れるコーディングが，包括システムを使うすべてのロールシャッカーにとって少しでも心地良く，そして優しいものとなることを目指して，Sweet Code は生まれました。

　"コーディングの練習"，"スコアの継列や構造一覧表などの作成"，そして "コードの検索"。Sweet Code は，包括システムを習得しそれを実務で活用する際に必ず必要となるこれら 3 つの作業を統合的にサポートするソフトウェアです。このたび，Ver.2 としていくつかの新しい機能を追加して改訂しましたが，上記の 3 つの機能については重要な柱であることに変わりありません。本書ではそれらについて簡単にご紹介します。

1 コーディングの練習

　コーディングの際に繰り返し間違ってしまうコードはないでしょうか？　形態水準表に載っていない反応に形態水準を付ける際に迷うことはありませんか？　特殊スコアの種別やレベルを判断する際のクライテリア（基準）は明確になっているでしょうか？

　コーディングの技術を確認しその精度を上げるために，『ロールシャッハ・テスト ワークブック（第5版）』（金剛出版，2003）の第12章には練習用の300個の反応が収められています。この練習問題を一通り経験しておくことは，初学者が包括システムの解釈を学ぶ前に必要不可欠な要素となります。しかし，この300の練習問題を，『ロールシャッハ・テスト ワークブック』と形態水準表，そして記録のための用紙を用意して1つずつ解きながら，同時に自分自身のコーディングに関する間違いや癖を修正していく作業は意外と大変です。自分のコーディングの癖や間違いやすいポイントは，ある程度まとまった練習量をこなし，その結果を整理することで見えてくるものですし，また練習初期に見られるそのような癖や間違いがその後どのように修正されたかを確認するなかで初めて，自分に必要な学習ポイントが明確になってくるからです。

　Sweet Code は本と紙だけでは煩雑になりやすいこのような作業を，やりやすく，そして繰り返しチャレンジしたくなる練習へと変えていきます。練習のなかで間違ったりクリアしたりしたさまざまな経験知から，できるだけ多くの情報を得られるようにサポートします。

　手元に Sweet Code と形態水準表さえあれば，すぐにコーディング練習を始めることができます。Sweet Code では，300の練習問題をセクションごとに1つもしくは2つのファイルに分けて管理しています。各ファイルには20〜30程度の反応が収められており，どのファイルからでも練習を始められますが，もし初めて

Sweet Code の概要

コーディング練習をするのであれば，最初はセクション1の反応が収められたファイルから始めることをお勧めします。また練習中はいつでもコーディングの正誤を確認することができますが，1つのファイルに含まれている反応をすべてコードしてから正誤を確認したほうが，自分の癖や間違い方の特徴をよりはっきり確認することができるでしょう。"正誤分析"シートが，自分自身の練習結果を集計し視覚的に確認できるようサポートします。

　もし近くに包括システムを学ぶ仲間がいるならば，練習するセクションを決め，そのセクションで自分が間違ったもしくは難しかったコードを持ち寄って検討し合うことも効果的です。また，間違ってコーディングした反応だけを集めて繰り返し確認したいのであれば，Sweet Code上で必要な反応を選び，新しいファイルに書き出しておくことができます。そうすることで自分専用の「間違いやすい反応集」を作ることもできるのです。正しいコーディングと自分のコーディングとの比較を通して，さらにコーディングの精度を高めていっていただければと思います。

2　スコアの継列や構造一覧表などの作成

　臨床で包括システムを使う場合，プロトコルを読み返しながらコーディングし，スコアの継列を作り，同時に構造一覧表を作成し，布置記録票を確認しつつ，鍵変数による解釈戦略を立てた後で，それらすべての情報を統合させながら実際のクラスター解釈プロセスへと移ります。

　これらの作業をすべて手作業で行う場合，データの分析や解釈に至る前段階の計算に手間取ったり，処理の手順を間違うことがあるかもしれません。またプロトコルや構造一覧表，ロケーションチャートと扱う資料が多く，その管理が煩雑だと感じることもあるでしょう。事例検討などで資料が必要となる場合はどうでしょうか。先に

用意したスコアの継列や構造一覧表以外にも，改めてプロトコルを入力し，罫線を引き，書式を整え，さらに別途ロケーションチャートを用意して……と多くのステップが必要になります。包括システムを使う上で繰り返し必要になるこれらの作業を毎回 1 つずつ手作業で処理することは，大変な労力を必要とします。

　Sweet Code を使うことで，包括システムを使用する際に繰り返し必要となる集計や分析，資料作成といった作業を，一元的かつ簡単に管理できるようになります。

　Sweet Code はユーザーが新たにデータを入力し，それをもとに "スコアの継列（SEQUENCE OF SCORES）"，"構造一覧表（STRUCTURAL SUMMARY）"，"布置記録表（CONSTELLATIONS WORKSHEET）"，"鍵変数表（POSITIVE KEY VARIABLES）" を出力することができます。データには "プロトコル（PROTOCOL）" や "領域図（LOCATION CHART）" の情報も含めることができるので，同様に出力することが可能です。プロトコルのローデータを入力するにはキーボードが必要ですが，コードを入力するだけならすべてマウスで簡単に行うことができます。さらに，人間表象反応の識別やコーディング上のエラーチェック機能など，入力をサポートする機能も備えていますので，コーディングがよりスムーズになるでしょう。

　"スコアの継列"，"構造一覧表"，"布置記録表" の出力フォーマットは『ロールシャッハ包括システム・構造一覧表記録用紙』（金剛出版，2003）に準拠しています。"鍵変数表" には，鍵変数による解釈戦略に基づいた各クラスターを読み解く順番が表示されます。プロトコルは反応と質問が横に並んだ形で出力され，図版の向きを示す記号や枠線・罫線の記入，用紙に合わせた行の調整など，手間のかかる作業はユーザーに代わり Sweet Code がすべて処理します。領域図は反応領域と領域番号を入力することで自動的に描

かれ，またその図に自分で線や文字を追加して描き込むことも可能です。そして最終的には1枚の領域図にまとめて出力されます。

　Sweet Codeはデータを1検査ごと個別のファイルに分けて管理しています。そして1つのファイルのなかに，プロトコル，コード，そして領域図のデータがまとめて保存されます。Sweet Codeを持っている者同士であれば，必要なファイルをメールに添付して送るだけで同一の資料を簡単に共有できるため，スーパーバイズや研究会，学会発表などでの事前の資料送付に掛かる手間を大幅に削減することができます。さらに個人情報保護のため，閲覧・編集を制限するパスワードをファイルに付与することも可能です。これは勉強会などで特定メンバーにだけファイル閲覧を許可したい場合などに活用できます。

3　コードの検索

　練習であれ実務であれ，包括システムを使っていればコーディングに迷う反応に必ず出会います。そんなとき，同じような表現や言葉を使っている反応がどのようにコードされているのかを調べたり，特定のコードが使われている他の反応の実例を探したくなることはありませんか？

　コードの基準はそれを説明している教科書を読めば知ることができますが，コードの実例までは十分に掲載されていません。300の練習問題には多くの貴重なヒントが収められていますが，知りたい表現やコードを最初から順に探すにはあまりに時間が掛かりすぎます。そんな紙ベースではどうしても限界のある作業も，Sweet Codeがあれば大丈夫です。

　Sweet Codeを使えば，300の練習問題を簡単に逆引き辞典へと変えることができるのです。

Sweet Code は，300 の練習問題，もしくはユーザーが任意に選んだファイルを対象に，カード番号，決定因，反応内容など，包括システムが用意しているすべてのコードを検索キーワードにして，それが含まれる反応を抽出することができます。もちろん反応に含まれる特定の言葉も検索キーワードとして使えます。"FC（形態色彩反応）なのか CF（色彩形態反応）なのか"，"形態水準のレベルは u（稀少）なのか－（マイナス）なのか""DR（逸脱反応）の水準がレベル 1 なのか 2 なのか"，"「濃い」という表現が Y（濃淡拡散反応）なのか V（濃淡立体反応）なのか"など，コーディングに迷ったときに知りたい反応例を，Sweet Code がすぐに調べて提示します。

4　Ver.2 の新しい機能について

Sweet Code Ver.2 ではいくつかの新しい機能を実装しました。視認性を向上させたインターフェイスや図版表示，縦画面表示にも対応したウィンドウ，領域図の反転描画機能，直線や丸囲みが楽に描ける詳細図，構造一覧表の各変数に関する統計情報を一覧表や変数上でのクリックによって表示する機能，研究支援として各変数の一括出力，そしてコードの一致度を計算するための外部ソフトウェアへの橋渡しをする機能です。これらの詳細についてはサポートページ(p.39 参照)を活用して随時お伝えしていきたいと思います。

Sweet Code は実際に包括システムを使用するなかで発案され，開発や改良が行われてきました。Sweet Code が皆様の包括システムを使った日々の臨床をさらに豊かにするツールとなれば幸いです。

大関信隆

Sweet Code の使い方

　ここからは Sweet Code をお使いいただくための方法をご説明します。最初に「Ⅰ　セットアップガイド」をお読みいただき，コンピュータに Sweet Code をインストールしてください。「Ⅱ　コーディングの練習」では，『ロールシャッハ・テスト ワークブック（第5版）』に収録されている 300 の練習問題を使ってコーディングの練習を行う方法を説明しています。プロトコルデータの分析や資料作成が必要な場合は「Ⅲ　プロトコルデータの入力と分析」をお読みください。300 の練習問題を使ってコードの検索を行いたい場合は「Ⅳ　コードの検索」をお読みください。その他，Sweet Code を使う際に必要となる情報については「Ⅴ　その他の操作説明」を参照してください。

I

セットアップガイド

　このセクションでは Sweet Code をお使いの PC にインストールし，使用するための準備をする手順をご説明します。

I-1 動作環境

対応 OS：Windows7, 8, 10, 11

画面サイズ：WXGA（1280 × 800）以上

必要メモリ：約 40MB の空き領域

必要 HDD 容量：約 20MB の空き領域

必要ハードウェア：CD-ROM ドライブ

　CD-ROM ドライブを内蔵していない PC にインストールする場合，いったん CD-ROM ドライブを内蔵している PC から USB メモリなどの記憶媒体に仮インストールし，そのデータを 5 分以内に対象の PC にコピーし Sweet Code を起動することで，インストールすることが可能です。詳しくはインストール CD の指示を参照してください。

注意

- 画面サイズが左記より小さい場合，Sweet Code の実行自体は可能ですが，実行時に画面スクロールが必要になり操作性が低下する可能性があります。
- メモリおよび HDD の必要容量は使用するデータの大きさにより増加します。インストール時の最小構成値とお考えください。
- ノートパソコン等で，本体に LAN に接続するための装置が内蔵されておらず，別途 PC カードや USB アダプタ等を使用している場合，インストール時と使用時のネットワーク・ハードウェア環境が同じである必要があります（ただしネットワークへのアクセスは行いません）。

サポートについて

- 受付先：株式会社 金剛出版
　　　　（電子メール：sweetcode@kongoshuppan.co.jp）
- お問い合わせ方法：上記，電子メール宛にお問い合わせください。その際，ユーザー登録時のお名前やご所属を明記してください。
- 対応時間および方法：電子メールによるお問い合わせは随時受け付けております。ただし回答までにお時間を頂く場合があります。また，質問の内容によっては回答いたしかねる場合があります。
- その他のサポート方法：販売元・金剛出版ホームページ内（http://kongoshuppan.co.jp/info/1137_1.html）にてバージョンアップや FAQ の情報提供をいたします。

I-2 インストール

　Sweet Code をお使いになる場合は，PC にインストールして使用する必要があります。

1 PC に Sweet Code インストール CD を挿入します。

2 自動で"Sweet Code のセットアップ"プログラムが起動します。

 注意 セキュリティの設定状況等でセットアッププログラムが自動的に起動しなかった場合，CD 内の"Set_SwCd.exe"を直接実行してください。

Set_SwCd.exe

3 画面の指示に従ってインストールを開始してください。初期設定ではインストール先がデスクトップに指定されています。この場所はインストール時に変更することができます。また，インストールが終わってからフォルダ自体を手動で動かすことも可能です。ただし，インストールした PC 以外の PC に移動させることはできません。

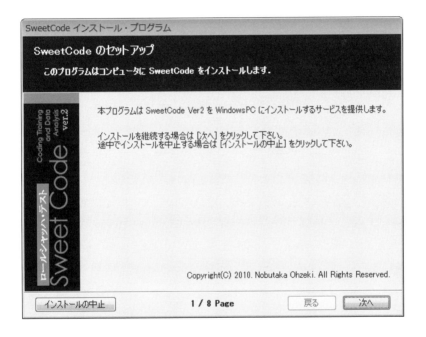

I-2 インストール

I-3 Sweet Code のファイル構成

Sweet Code は次のようなファイル構成でインストールされます。

SweetCode_Ver2	Sweet Code のすべてのファイルが含まれているフォルダ
CaseData	ユーザー自身が作ったデータファイルが保管されるフォルダ
Export	書き出したスコアやプロトコル，領域画像が保管されるフォルダ
Library	実行に必要な重要ファイルが保管されているフォルダ
TrainingData	300 の練習問題データが保管されるフォルダ
NowTraining	現在練習中の一時データファイルが保管されるフォルダ
Agreement.txt	使用承諾書
Sample_StatData.csv	構造一覧表に表示される変数の統計情報を作成する際の雛形ファイル
SweetCode2.exe（Windows 版）	本体（実行ファイル）

注意 システムの設定状況によっては，上記ファイルの拡張子（ピリオドから右側の部分）が見えない場合があります。Sweet Code の本体である SweetCode2.exe. には右図のようなアイコンがついていますので，間違わないようご確認ください。

I-3 Sweet Code のファイル構成

I-4 起動と終了

　Sweet Code を起動する場合は SweetCode_Ver2 フォルダ
内の SweetCode.exe をダブルクリックします。Sweet Code が
起動すると，図のような作業選択ウィンドウが開きます。このウィ
ンドウ内にあるボタンから，希望する作業を選択していきます。

　"コーディングの練習"では，[トレーニングモードの選択]ボタ
ン（①）で 300 の反応データを用いたコーディング練習を行うこ
とができます。また［練習成績の推移］ボタン（②）でこれまでの
練習成績の推移を確認することができます（第Ⅱ章参照）。

　"プロトコルデータの作成・編集と分析"では，[データの新規作
成]ボタン（③）で新たにプロトコルデータを入力し分析すること
が可能です。また［既存データの編集］ボタン（④）ですでに作っ
てあるデータファイルを編集することが可能です（第Ⅲ章参照）。

　"ツール(データ検索・参照)"では，[データの検索(ファイルから)]
ボタン（⑤）で 300 の反応データもしくは任意で選択したファイ
ルを用いて，コード検索をすることが可能です（第Ⅳ章参照）。

　また，[変数の出力（ファイルから）]ボタン（⑥）を用いて，
複数の入力済みデータを対象に，研究等で使用されることの多い
143 の変数を一括して出力することが可能です。

　終了する場合はウィンドウ右上の×ボタンを押すか，もしくは
［ファイル (F)]メニューから［終了］を選択してください（右ペー
ジの下図参照）。未保存のデータがある場合，終了時に保存確認の
ダイアログが出ます。

Ⅰ　セットアップガイド

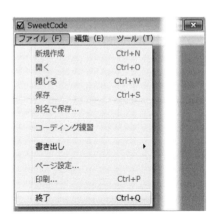

Ⅰ-4 起動と終了

I-5 アンインストール

　Sweet Code を PC から削除する場合は，SweetCode_Ver2 フォルダ自体をそのまま削除してください。その際，フォルダを削除すると，過去のデータもそのまま削除されてしまうので，フォルダ内に含まれるデータについては利用者自身の責任で保存・管理してください。

　なお，Sweet Code を規定の方法でインストールした場合，SweetCode_Ver2 フォルダ以外の場所に関連ファイルを作成したり，レジストリにデータを書き込むようなことはありません。

コーディングの練習

　『ロールシャッハ・テスト ワークブック（第5版）』に収録されている300の練習問題を用いて，コーディングの練習を行います。マウス操作のみの簡単操作で練習を実施できます。また練習後にコーディングの正誤に関する特徴を見ることができるので，自分の間違いやすい部分が整理できます。

　『ロールシャッハ・テスト ワークブック（第5版）』の練習問題は8セクションありますが，Sweet Codeでは1セクションあたり1〜2にあらかじめ分割した練習用データファイルを内蔵しており，計14のファイルから任意に選択して練習することができます。各ファイルとセクションの対応は以下の通りです。

セクション	ファイル名	セクション	ファイル名
1	Section1 (1-20).swdx	5	Section5 (141-160).swdx
1	Section1 (21-35).swdx	5	Section5 (161-180).swdx
2	Section2 (36-60).swdx	6	Section6 (181-200).swdx
2	Section2 (61-75).swdx	6	Section6 (201-230).swdx
3	Section3 (76-100).swdx	7	Section7 (231-255).swdx
4	Section4 (101-120).swdx	7	Section7 (256-275).swdx
4	Section4 (121-140).swdx	8	Section8 (276-300).swdx

Ⅱ-1 練習開始までの準備

1 SweetCode2.exe を起動し，作業選択ウィンドウから［ト
レーニングモードの選択］を選びます。

2 トレーニングモードを決定するダイアログが出ますので，
［Normal］か［Easy］のいずれかのモードボタンを押します。

［Normal］	領域と領域番号を自分で入力するモードです。
［Easy］	あらかじめ領域と領域番号が入力されているモードです。
［続きから］	途中保存したデータを使って練習を再開するモードです。

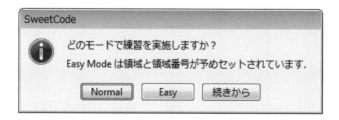

Ⅱ-1 練習開始までの準備

3 ファイル選択を促すダイアログが出ます。［OK］ボタンを押すとファイルオープン・ダイアログが開きます。

4 ファイルオープン・ダイアログより，練習したいデータファイルを選択します。

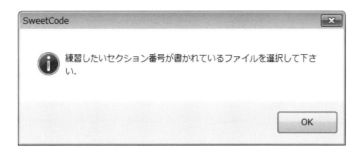

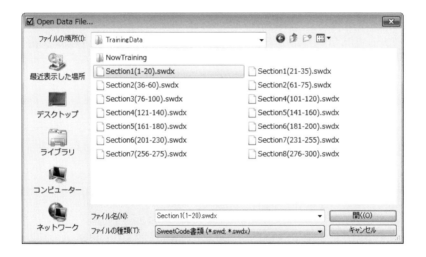

Ⅱ-1 練習開始までの準備

Ⅱ-2 練習の流れ

1 練習用ウィンドウの説明

① 図版とその領域が描かれます。領域が描かれていない場合は全体反応を意味します。

② プロトコルの反応（上）と質問（下）の内容が表示されます。

③ ウィンドウ上部にあるタブを切り替えることで，表示モードが［コーディング練習］，［コードの正誤］，［正誤分析］，［プロトコル］，［ロケーションチャート］に切り替わります。練習開始直後は［コーディング練習］モードで表示されています。

④ コード入力用のメニュー＆ボタン群が，カテゴリーに分かれて配置されています。このメニュー＆ボタンを操作しながら，各反応のコードを決定していきます。決定されたコードは下部のリスト（⑤）に即座に表示されます。

⑤ スコアのリストです。任意の行をクリックすることで，対応する図版とその領域（①），反応（②）を表示します。また，すでにコードが入力されている場合は，上部の入力メニュー＆ボタン（④）もそのコードに応じて変化します。

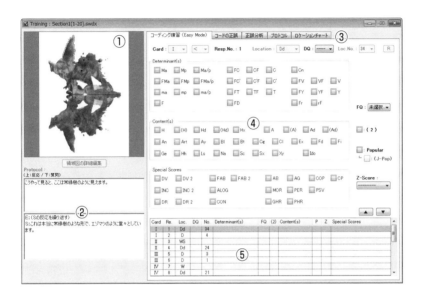

II-2 練習の流れ

2 練習方法

　スコアのリスト（⑤）には，選択した練習用データファイルに含まれている反応数だけ，あらかじめ行が作られています。リスト内の任意の行をマウスでクリックし，表示された図版とその領域，および反応に対して，コード入力用のメニュー＆ボタン群（④）を用いてコードを入力していきます。コード入力用のメニュー＆ボタンを押す度に，リストにコードが書き込まれていきます。

　コードが入力途中であっても，スコア・リストの別の行をクリックすることで，指定した反応に移ることができます。また再度元の反応に戻り，コード入力を継続することも可能です。

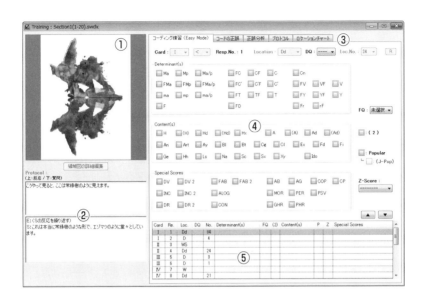

II-2 練習の流れ

3 練習成績の確認

　ウィンドウ上部にあるタブ（①）を［コードの正誤］や［正誤分析］に切り替えると，入力したコードに対する正誤やその特徴が確認できます。

　［コードの正誤］を選ぶと，入力したコードに対して正誤のチェックが付いた結果が表示されます。正しく入力されているコードは黒字で表示されます。誤って入力されたコードには赤チェックが付けられ，正しいコードが下線付きで表示されます。1つも間違いなくコードを入力できたスコアは反応番号の色が黒色で，1箇所でも間違った場合は赤色で表示されます。スコア部分をマウスでクリックすると，その反応番号に対応した図版の領域や反応が表示されます。

①

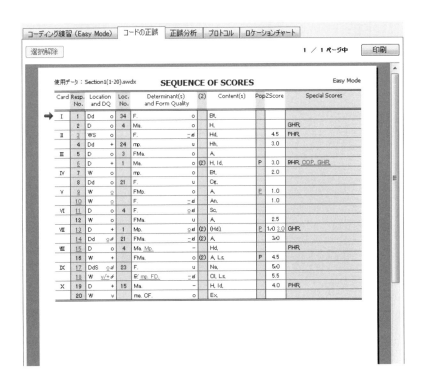

II-2 練習の流れ

［正誤分析］を選ぶと，それぞれのコード群ごとに自分で付けたコードと正しいコードとの対応表が表示されます。また正答率も同時に表示されます。

　いずれも［印刷］ボタンを押すと，表示されている結果を印刷することができます。印刷時はWindows標準の印刷ダイアログが表示されますので，その画面を操作してください。

注意　印刷時のサイズはA4用紙固定です。B5用紙では一部が印刷されませんのでご注意ください。

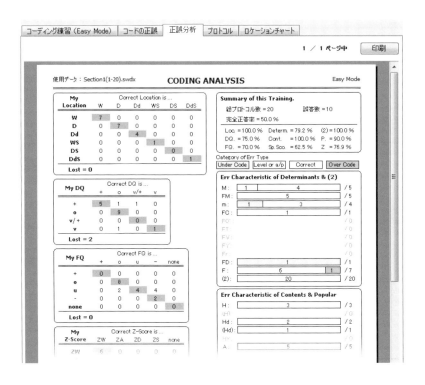

II-2 練習の流れ

4 練習の終了と結果の保存

　練習はいつでも途中で中止，終了することができます。練習を終了する場合は練習用ウィンドウ右上の×ボタンを押すか，もしくは［ファイル (F)］メニューから［閉じる］を選択してください。練習途中のデータがある場合は，そのデータを一時的に保存するかどうかを尋ねるウィンドウが出ます。

［保存する］	今回の練習データを保存します。次回，練習の続きをすることができます。
［保存しない］	今回の練習データを保存せずに，作業選択ウィンドウに戻ります。
［キャンセル］	練習用ウィンドウに戻ります。

　さらに，ここまでの練習データをもとにした成績を蓄積するかどうかを尋ねるウィンドウが出ます。

［蓄積する］	コード群ごとの正答率のデータを，成績推移を確認するウィンドウに反映させます。
［蓄積しない］	今回の練習から算出された正誤率を，成績推移のデータに反映させません。

II-2　練習の流れ

5 練習の再開

　作業選択ウィンドウから［トレーニングモードの選択］を選び，その後のダイアログで［続きから］を選択した場合，途中保存してある練習データを呼び出して練習の続きをすることができます。ファイルオープン・ダイアログが開きますので，継続したい練習データファイルを選択してください。

6 練習成績の推移の確認

　作業選択ウィンドウで［練習成績の推移］ボタンを押すと，これまでの練習成績の推移をグラフによって確認できます。

① 　正誤率の推移が折れ線グラフで表示されます。マーカーとコードの対応は上部に示されています。
② 　特定のセクションのみ表示させたい場合は，このメニューより選んでください。
③ 　特定のコードのみ表示させたい場合は，このメニューより選んでください。
④ 　グラフ部をクリックすると，そのときの正誤率が数値として表示されます。
⑤ 　マーカーの形と色を変更する場合は操作してください。

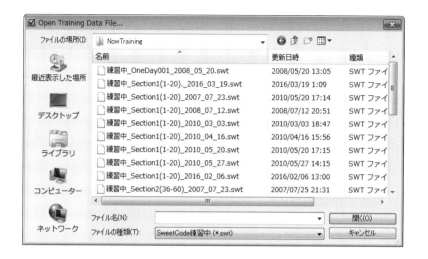

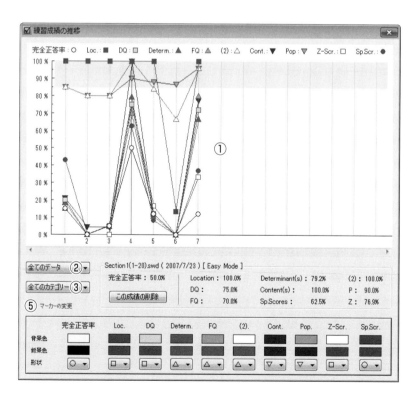

II-2 練習の流れ

プロトコルデータの入力と分析

　Sweet Code を使ってプロトコルデータを入力し，スコアの継列や構造一覧表，プロトコルシートやロケーションチャート等を作成，印刷することができます。プロトコルとそのスコア，そして領域図を一元管理することで，必要なときに素早く情報にアクセスできます。ここで作成したデータは練習用データとして用いることも可能です。また，後述するデータ検索の対象としても使用することが可能です。

Ⅲ-1 プロトコルデータを新規入力する

1 入力の準備

　　SweetCode2.exe を起動し，作業選択ウィンドウから
［データの新規作成］を選びます。

2 ケース情報の入力

　ケース情報を入力するウィンドウ（Case Information）が表示されます。必要であれば情報を入力してください。ケース情報ウィンドウに何も入力しなくても，それ以降の作業を続けることができます。またこの情報は後から入力・変更することが可能です。

① ［氏名］：ケースの名前を入力します。

② ［性別］：性別をメニューから選択します。

③ ［生年月日］：すべて半角で，区切り文字は「／」で，月日が1桁の場合は0で埋めてください(例：1234/05/06)。

④ ［検査実施日］：生年月日と同様の書式で入力してください。

⑤ ［年齢］：生年月日と検査実施日が正しく入力された場合，自動計算されます。入力がない場合は成人として扱われます。

⑥ ［被検者ID］：ケースを特定する分類コードなどがある場合に入力します。

⑦ ［被検者情報］：ケースに関するその他の情報を入力します。

⑧ ［Group Only］［Read Only］：データのセキュリティ設定をします。特定の対象にのみ閲覧を許可する場合などに設定します。詳細は第Ⅴ章を参照してください。

⑨ ［Codeの開始番号］：反応番号の開始を何番にするか設定します。連続した反応データを複数のファイルに分けて連番で作成したい場合などに使用します。

⑩ ［Cancel］［OK］：入力のキャンセルもしくは決定をして，このウィンドウを閉じます。

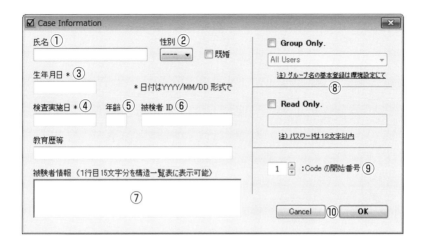

Ⅲ-1 プロトコルデータを新規入力する

3 データ入力

データ入力用ウィンドウを使ってデータを入力します。

① 図版と領域が描かれます。メニュー＆ボタン群（⑤）内の［Card］で図版番号を決定すると図版が表示され，その後［Location］と［Loc.No.］で領域と領域番号を共に決定すると，それに対応した領域が自動で描画されます。領域を自分で描画する場合は，図版枠外下の［領域図の詳細編集］ボタンを押して専用ウィンドウから編集してください。描画方法の詳細は **7** を参照してください。図版の方向はカード選択メニュー右のリスト（⬇）から選択してください。選択に合わせて図版も回転して表示されます。

② プロトコルの反応（上）と質問（下）の内容を入力します。文字上でマウスを右クリックすることで，コピーやペースト，文字装飾などが可能です。

③ スコアのリスト（⑥）に新しく行を追加します。このボタンはいつでも押すことができます。

④ ウィンドウ上部にあるタブを切り替えることで，［コードの入力と編集］，［スコアの継列］，［構造一覧表］，［プロトコル］，［ロケーションチャート］に表示モードを切り替えられます。この表示はいつでも切り替えられます。

⑤ コード入力用のメニュー＆ボタン群がカテゴリーごとに配置されています。このメニュー＆ボタンを操作しながら，各反応のコードを決定していきます。決定されたコードはスコアのリスト（⑥）に即座に表示されます。

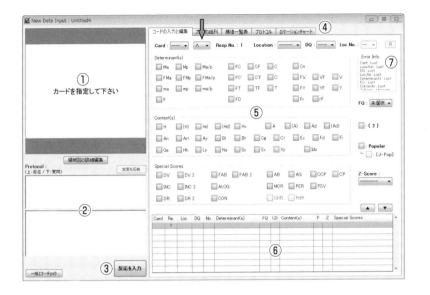

Ⅲ-1 プロトコルデータを新規入力する

⑥　スコアのリストです。任意の行をクリックすることで，その反応番号に対応する図版領域や反応を表示します。また，すでにコードが入力されている場合は，上部の入力メニュー＆ボタン（⑤）もそのコードに対応して変化します。行の上でマウスを右クリックすることで，スコアのコピーやペースト，行の挿入や削除が可能です。

⑦　選択されているスコアに関する入力上のエラーを表示します。エラーがある状態でも次のスコアへの移行や構造一覧表等の表示が可能ですので，ご注意ください。

注意　このエラーチェックですべてのエラーを検出できるわけではありません。あくまで入力の補助的情報とお考えください。

　Sweet Code でのデータ入力は，ユーザーの使いやすい順序で進めていくことが可能です。［次の反応を入力］ボタン（③）を使って必要な行を最初にすべて作ってしまうことも可能です。図版と領域，反応を先に入力してしまうことも，反応は入力せずにコードだけ入力していくことも可能です。もちろん1つずつ領域，反応，コードを入力していくことも可能です。

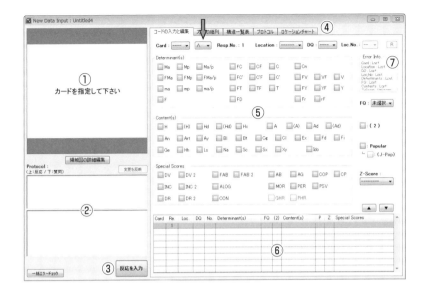

Ⅲ-1 プロトコルデータを新規入力する

4　データ分析

　ウィンドウ上部にあるタブ（①）を切り替えると，その時点で入力済みのスコアをもとに即座に分析され結果が表示されます。なお，構造一覧表に書かれている変数名を左クリックすると，その変数の統計情報をツールチップ上に表示させることができます。SweetCode Ver.2 に内蔵されている統計情報は『ロールシャッハ・テスト ワークブック（第5版）』の成人非患者の記述統計（pp.111-112）です。ユーザーが Sample_StatData.csv を雛形として独自の統計情報データを作成し，SweetCode 上で表示させることも可能です。環境設定ウィンドウ（V-2）も参照してください。[印刷] ボタン（②）を押せば，表示されている結果を印刷することができます。印刷時は Windows 標準の印刷ダイアログが表示されますので，その画面を操作してください。また，表示されている結果を別の文章などにコピーしたい場合は，該当ページ上でマウスを右クリックし，メニューを操作してください。Windows のクリップボードに画像としてコピーされます。

注意　印刷時のサイズは A4 用紙固定です。B5 用紙では一部が印刷されませんのでご注意ください。

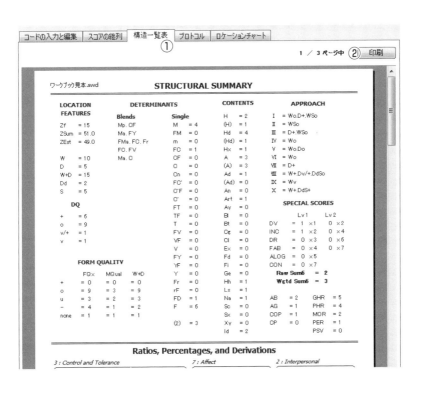

Ⅲ-1 プロトコルデータを新規入力する

5 プロトコルとロケーションチャートの印刷

　ウィンドウ上部にあるタブ（①）を切り替えると，その時点で入力済みのデータを元にプロトコルやロケーションチャートを表示させることができます。プロトコルは反応と質問が横に並ぶよう，自動で行が折り返され整形済みの形で表示されます。ロケーションチャートは，各図版ごとに反応が重ね描きされたものが1枚のシートに表示されます。［プロトコル］を表示中に任意の反応上でマウスを左クリックすると，ウィンドウ左側にその図版領域と反応が表示されます。またこのときに反応入力エリア（③）で入力内容を修正することができます。修正された内容はそのままデータとして記録されますが，すぐには右側の表示に反映されません。修正した場合，［変更を反映］ボタン（④）が押せるようになりますので，これを押して再描画させてください。［印刷］ボタン（②）を押せば，表示されている結果を印刷することができます。印刷時は Windows 標準の印刷ダイアログが表示されますので，その画面を操作してください。また，表示されている結果を別の文章などにコピーしたい場合は，該当ページ上でマウスを右クリックし，メニューを操作してください。Windows のクリップボードに画像としてコピーされます。

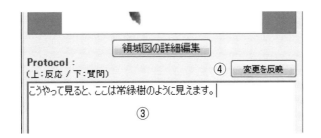

注意 画面に表示されているロケーションチャートは領域を表す線や記入したコメント文字が潰れて見えますが，印刷されたものはカラーでもモノクロでも比較的明瞭に表現されます。

Ⅲ-1 プロトコルデータを新規入力する

6 データの保存と終了

　入力途中のデータを保存する場合は，[ファイル (F)] メニューから [保存] を選んでください。

　初めて保存する場合はファイル名を指定するウィンドウが表示されますので，画面の指示に従ってファイル名を付けて保存してください。

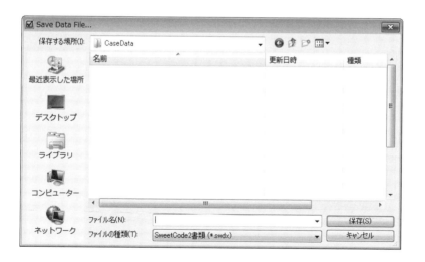

Ⅲ-1 プロトコルデータを新規入力する

Sweet Code は 1 回の検査ごとに 1 つずつ独立したファイルとして保存されます。保存される場所は SweetCode_Ver2 フォルダ内の CaseData フォルダに初期設定されています。

　入力を終了する場合は，データ入力用ウィンドウを右上の×ボタンで閉じるか，もしくは［ファイル (F)］メニューから［閉じる］を選んでください。

　未保存の入力途中のデータがある場合，保存するかどうか確認するダイアログが表示されます。

［保存する］	データを保存後，データ入力用ウィンドウを閉じます。
［保存しない］	データを保存せずに，データ入力用ウィンドウを閉じます。
［キャンセル］	データ入力用ウィンドウに戻ります。

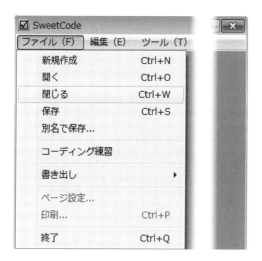

Ⅲ-1 プロトコルデータを新規入力する

7 領域図の描画方法と拡大表示

　SweetCode では，あらかじめ決められている領域については，カードと領域番号を指定することで自動的に領域が図版に描かれます。独自の領域を描く場合や説明文を描き込む場合は，図版枠下の［領域図の詳細編集］ボタン（①）を押して［領域図の編集］ウィンドウを表示させてください（p.85）。

　ウィンドウ左側には描画で使用するツール（②）が配置されています。［Pen］ボタンを選択するとマウスポインタがペンのアイコン〈✐〉になり，この状態でマウスの左ボタンを押しながらドラッグするとフリーハンドで線が描けます。また [Shift] キーを押しながらドラッグすることで直線を，[Alt] キーを押しながらドラッグすることで楕円を描くこともできます。［Text］ボタンを選択するとマウスポインタがアイビームのアイコン〈I〉になります。文字を描きたい場所で左クリックするとテキスト入力用のウィンドウが現れるので，そこに描き込みたい文字を入力してください。文字を最終的に図版に反映させるためには，マウスを右クリックして［この場所に描き込む］メニューを表示し，それを選択してください。このメニューを選ばない限り，図版の任意の場所で左クリックをするとその場所にテキスト入力ウィンドウが追従します。［Erase］ボタンを選択するとマウスポインタが四角形のアイコン〈□〉になり，その状態でマウスをドラッグさせると描いた線や文字を消すことができます。なお，図版に描かれた文字は絵として扱われ再編集ができません。編集をしなおす場合は，一度消してから再描画してください。

領域図の詳細編集 ①

Ⅲ-1 プロトコルデータを新規入力する

[透過] ボタン（③）を押すと，同じ図版番号の反応で使われた領域が重ねて薄く表示されます。再度ボタンを押すと表示が消えます。

　テキスト入力ウィンドウが表示されていない状態で図版枠上の任意の場所を右クリックすると，サブメニューが現れます（④）。このメニューは描画ツールボタン（②）と同じ機能をもっています。

　拡大率（⑤）のラジオボタンを変更することで，図版の表示の大きさを変更させることができます。編集ウィンドウが開いた直後は2倍の大きさで表示されます。なお，テキスト入力ウィンドウは拡大率が等倍もしくは2倍のときにのみ機能しますのでご注意ください。

　領域図の編集ウィンドウを開いている状態で描いた線や文字は，そのままではまだデータ本体に反映されていません。ウィンドウを閉じる際に「これまでの編集内容をデータに描き込みますか？　描き込まない場合，編集内容は失われます」というメッセージが表示されます。ここで編集内容をデータに反映させるかどうか決定してください。

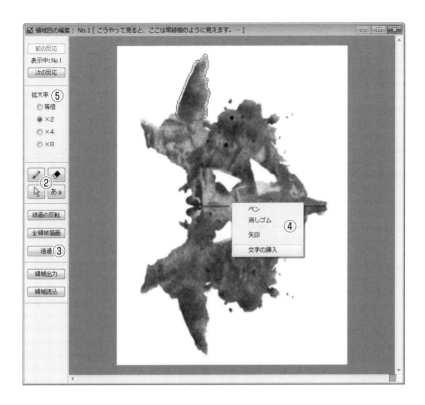

Ⅲ-1 プロトコルデータを新規入力する

Ⅲ-2 入力済みデータを編集する

1 入力の準備

　　SweetCode2.exe を起動し，作業選択ウィンドウから
［既存データの編集］を選びます。

Ⅲ-2 入力済みデータを編集する

2 編集するファイルの指定

　Windows 標準のファイルオープン・ダイアログが表示されますので，編集対象のファイルを指定し［開く］ボタンを押してください。

3 データ入力

　データ入力用ウィンドウを使ってデータを入力していきます。これ以降の操作は新規にデータを入力する場合と同じです。

III-2 入力済みデータを編集する

コードの検索

　300の練習問題やユーザーが作成したデータファイル（複数）を対象に，特定のコード，もしくは反応内の単語をキーワードとして，該当するスコア（群）を検索・抽出することが可能です。「ある単語がどのようにコードされるのか知りたい」，「このコードが付く他の反応を見てみたい」といった，コーディングをする際に必ず生じる疑問に対する逆引き辞書としてご活用ください。

Ⅳ-1 コードの検索方法

1 検索の準備

　　SweetCode2.exe を起動し，作業選択ウィンドウから
［データの検索（ファイルから）］を選びます。

　　コードの検索ウィンドウが開きます。

Ⅳ-1 コードの検索方法

2 検索対象の指定

　検索を実行する前に，検索対象となるファイル（群）を指定する必要があります。コードの検索ウィンドウが開いた直後，［参照元ファイル］のリスト（①）には 300 の練習問題データが保管されている［TrainingData］フォルダ内に含まれるファイルが表示されています。このリストのなかから必要なファイルを［検索対象ファイル］のリスト（③）に登録することで，検索の対象となります。初期状態では［参照元ファイル］のリストすべてが選択された状態になっています。特に問題がなければ，［登録ボタン］（②）を押して，選択されているファイルを［検索対象ファイル］のリストに登録してください。もし別のフォルダに含まれているファイルを検索対象に含めたいのであれば，［参照元ファイル］のリスト下にある［フォルダ変更］ボタンを押してフォルダを移動させた後，再度対象となるファイルを選択し，［登録ボタン］を使って［検索対象ファイル］に追加登録してください。検索対象から除きたいファイルがある場合，該当ファイルを［検索対象ファイル］リスト内で選択後，リスト下にある［リストから除外］ボタンを押して取り除いてください。

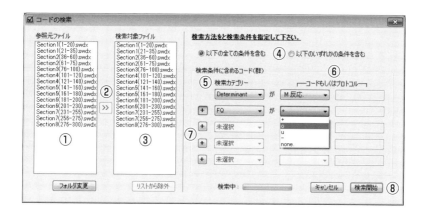

IV-1 コードの検索方法

3 検索条件の指定と検索の実行

　最初に検索方法を決定します（④）。指定したすべての条件を満たすスコアを抽出したい場合，［以下の全ての条件を含む］を選択してください。指定した条件が 1 つでも入っているスコアを抽出したい場合，［以下のいずれかの条件を含む］を選択してください。

　抽出条件は最大 5 つまで指定できます。［検索カテゴリー］（⑤）をリストから選ぶと，それに対応したコードリストもしくは単語やフレーズ（⑥）が指定・入力できるようになります。抽出条件を増やしたい場合は，左側の［追加ボタン］（⑦）をクリックし，ボタンを押した状態にしてください。また，増やした条件を取り除きたい場合は，再度［追加ボタン］をクリックし，ボタンを押した状態を解除してください。

　条件の指定が終わったら，［検索開始］ボタン（⑧）を押して検索を開始してください。状況により検索には多少時間が掛かります。検索結果はデータ入力用ウィンドウに新規データとして表示されます。ここで抽出したデータは新たなデータファイルとして保存することも可能です。保存する場合は［ファイル (F)］メニューから［別名で保存...］を選択し，Windows 標準のファイルセーブ・ダイアログにて保存してください。

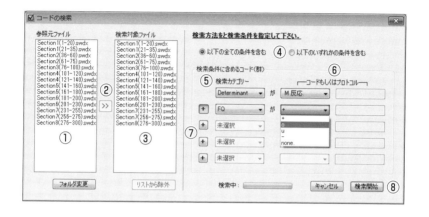

Ⅳ-1 コードの検索方法

その他の操作説明

　Sweet Code の操作に関する，その他の事項についてご説明します。

V-1 メニュー構成について

　Sweet Codeのメニュー構成についてご説明します。各メニューにはショートカットキーが割り当てられている場合があります。ショートカットキーを用いると入力がスムーズになります。

1　［ファイル (F)］メニュー

［新規作成 (Ctrl + N)］	新しいデータファイルを新規に作成します。
［開く (Ctrl + O)］	すでに作成してあるデータを開き，編集します。
［閉じる (Ctrl + W)］	開いてある最前面のウィンドウを閉じます。
［保存 (Ctrl + S)］	データファイルを上書き保存します。
［別名で保存...］	データファイルを別名で保存します。
［コーディング練習］	コーディングの練習を行います。
［書き出し］	
［スコアの継列 (RRU 形式)］	スコアの継列を RRU 形式で出力します。RRU と は Rorschach Research Utilities の略で，コードや構造一覧表の変数に関する一致度を算出できる外部アプリケーション (Harald Janson, 2010) * のことです。
［プロトコル］	プロトコルを TEXT 形式で出力します。
［ページ設定...］	このメニューは操作可能ですが，機能しません。
［印刷 (Ctrl + P)］	OS 標準の印刷ダイアログを開いて印刷を行います。
［終了 (Ctrl + Q)］	Sweet Code を終了します。

* Harald Janson（2010）Rorschach Research Utilities, Version 3.0.0
[http://www.dromtest.no/RRU3.zip]

V　その他の操作説明

ファイル（F）	編集（E）	ツール（T）	
新規作成		Ctrl+N	
開く		Ctrl+O	
閉じる		Ctrl+W	
保存		Ctrl+S	
別名で保存...			
コーディング練習			
書き出し	▶	スコアの縦列（RRU形式）	
		プロトコル	
ページ設定...			
印刷...		Ctrl+P	
終了		Ctrl+Q	

V-1　メニュー構成について

2　［編集 (E)］メニュー

［元に戻す (Ctrl + Z)］	直前の操作を取り消します。取り消せない操作もあります。
［切り取り (Ctrl + X)］	選択文字列を切り取ります（反応編集時のみ）。
［コピー (Ctrl + C)］	選択文字列をコピーします（反応編集時のみ）。
［ペースト (Ctrl + V)］	選択箇所に文字列を貼り付けます（反応編集時のみ）。
［削除］	選択文字列を削除します（反応編集時のみ）。
［検索 (Ctrl + F)］	最前面のウィンドウ内のデータを対象に，コードの検索を行います。
［スコアのコピー］	コード，ロケーション，反応をまとめてコピーします。
［スコアのペースト］	コード，ロケーション，反応をまとめて貼り付けます。
［次の反応を入力 (Ctrl + M)］	スコア継列の最後に，新しいスコア行を追加します。
［反応の挿入 (Ctrl + I)］	選択中のスコア行の1つ上に，新しいスコア行を追加します。
［反応の削除 (Ctrl + R)］	選択中のスコア行を削除します。
［図版番号］	表示させる図版番号を指定します。サブメニューから選択してください。
［環境設定 (Ctrl + E)］	Sweet Code の動作環境を設定します（V-2. 参照）。

V　その他の操作説明

編集 (E)	ツール (T)	作業中のウィ
元に戻す	Ctrl+Z	
切り取り	Ctrl+X	
コピー	Ctrl+C	
ペースト	Ctrl+V	
削除		
検索	Ctrl+F	
スコアのコピー		
スコアのペースト		
次の反応を入力	Ctrl+M	
反応の挿入	Ctrl+I	
反応の削除	Ctrl+R	
図版番号	▶	
環境設定	Ctrl+E	

I	Ctrl+1
II	Ctrl+2
III	Ctrl+3
IV	Ctrl+4
V	Ctrl+5
VI	Ctrl+6
VII	Ctrl+7
VIII	Ctrl+8
IX	Ctrl+9
X	Ctrl+0

V

V-1　メニュー構成について　103

3 ［ツール (T)］メニュー

［作業選択ウィンドウ］	作業選択ウィンドウの表示・非表示を切り替えます。
［統計情報の表示 (Ctrl + A)］	コードに関する統計情報を一覧表示します（p.74 も参照してください）。
［練習成績の推移 (Ctrl + T)］	練習時に練習結果を蓄積した場合，成績の推移を確認できます。
［ファイルから検索 (Ctrl + G)］	指定するファイル（群）を対象に，コードの検索を行います。
［資料の参照］	現バージョンでは使用しません。
［ケース情報の表示 (Ctrl + H)］	最前面のウィンドウ内のデータに関する情報を表示します。

4 ［作業中のウィンドウ (W)］メニュー

　このメニューには，現在作業をしているウィンドウの名前が表示されます。Sweet Code では複数のウィンドウを同時に立ち上げ，並行して作業を行うことができます。背面に回っているウィンドウを前面にもってくる場合，ウィンドウを直接クリックするほか，このメニューから該当するウィンドウの名前を選択すれば前面にもってくることができます。

V

V　その他の操作説明

ツール（T）	作業中のウインドウ(W)
作業選択ウィンドウ	
統計情報の表示	Ctrl+A
練習成績の推移	Ctrl+T
ファイルから検索	Ctrl+G
変数の一括出力	Ctrl+L
ケース情報の表示	Ctrl+H

V-1 メニュー構成について

5 ［ヘルプ (H)］メニュー

| ［Sweet Code について］ | Sweet Code のバージョン確認やサポート用のページにアクセスできます。 |

注意 サポートページにアクセスする際には，インターネットに接続できる環境が必要です。
サポートウェブサイトのアドレスは金剛出版ホームページ内（http://kongoshuppan.co.jp/info/1137_1.html）です。青字のリンクをクリックすると，ブラウザが立ち上がりサポートページを表示します。

ヘルプ(H)
　SweetCodeについて

V-1　メニュー構成について

V-2 環境設定ウィンドウについて

① すべてのウィンドウが閉じられているときに、作業選択ウィンドウを表示させます。

② ウィンドウを移動させた際に、そのウィンドウ位置を記憶します。

③ データ入力時に GHR・PHR を自動入力させます。

④ 構造一覧表の下部、7 つのクラスター名の横に解釈戦略の順序を表示します。

⑤ Location が W のとき、スコアの継列の Loc.No. に "1" と書かないようにします。

⑥ ケース情報の入力ウィンドウ（p.68）内の被検者情報について、第 1 行目（15 文字以内）の文字列を、構造一覧表の右上にメモとして表示します。

⑦ データ入力ウィンドウ（p.70）内の［反応を入力］ボタンを押した際に、1 行ずつ反応を追加するのではなく、全反応数を数字で入力し、反応行を一括して追加するようにします。

⑧ 構造一覧表上の変数を左クリックした際に、ツールチップに変数の統計情報を表示させます。ユーザーが作成したデータを読み込ませることも可能です。また表示させるデータの種類を指定することも可能です。

⑨ 領域を描画するときの色を設定します。通常は黒です。また同じ図版番号の反応で使われた領域を透過表示させる際の色も設定できます。

⑩ ユーザーが所属するグループを新しく作る際に入力します。詳しくは V -3 を参照してください。

V

108　V　その他の操作説明

[初期状態に戻す]	環境を初期設定に戻します。
[キャンセル]	入力をキャンセルします。
[設定]	入力を決定します。

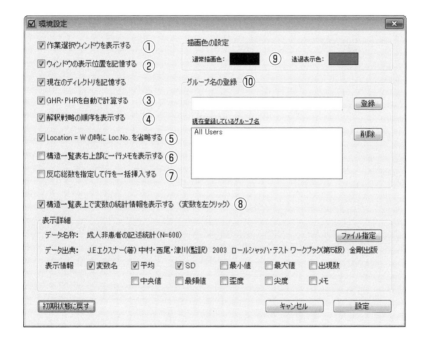

V-2 環境設定ウィンドウについて

V-3 データのセキュリティについて

　Sweet Code ではデータのセキュリティを高めるために「グループ限定」と「閲覧パスワード」という2種類の方法を用意しています。この設定は環境設定ウィンドウにて基礎的な設定をした後，各データファイルごとにケース情報ウィンドウにて追加設定します。

1　[Group Only] について

　　Sweet Code ではグループという概念を使ってユーザーの所属を把握しています。ファイルの閲覧を同じグループに所属するメンバー間に限定することでセキュリティを高める，とイメージしてください。すべてのユーザーは最初から[All Users] というグループに属しています。新規にデータを作成しケース情報の入力時に [Group Only] にチェックを入れない場合，すべてのユーザーがそのデータファイルを閲覧・編集できることになります。

　　ユーザーは環境設定ウィンドウを使って，新たにグループを作ることができます。そして個別のデータファイルに対してグループ指定をすることができます。特定の勉強会のなかだけで閲覧を可能にしたい場合などにこの機能を使います。

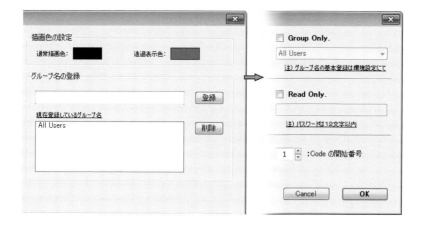

V-3 データのセキュリティについて

2 [Read Only] について

　データファイルを閲覧のみ許可したい場合は［Read Only］にチェックを入れ，その下の入力欄にパスワードを入力します。12 文字以内で全角半角いずれも可能です。パスワードを忘れた場合，ファイルが開けなくなりますので十分ご注意ください。リカバリー方法は基本的にないのでご注意ください。

あとがき

　ソフトウェアの制作でも"コーディング"という作業をします。してほしい処理の内容を機械が解る言葉であるコードに置き換えていく作業のことです。このとき，コードがいい加減に書かれていると，コンピュータは機嫌を損ね途中で作業を止めてしまいます。また，そもそもコード自体の使い方が間違っていれば，コンピュータは動いてくれさえもしません。ですがコードの意味をしっかり理解し正しく記述していくと，とても便利な機能を私達に提供するツールに変わってくれます。包括システムでのコーディングと，プログラミングでのコーディング。内容や使う記号はまったく異なりますが，その本質は意外と似ているかもしれない……。正しい用い方をするからこそ意味ある結果を得られるという，心理検査法ひいては心理学方法論が大切にしているスタンスと共通するかもしれない……。両方の"コーディング"を行き来するなかで，そんなことを考えていました。

　そんな Sweet Code の作成も一段落したある日，PC の中身を整理していると，これまでバックアップしてきた Sweet Code のソースコード・ファイル（ソフトウェアの設計図）がたくさん出てきました。そのなかにあった一番古いファイルには，2006 年 1 月 14 日作成の日付が付いていました。結構長い道のりを Sweet Code と歩いてきたのだと思うと感慨深いものがあります。ですがこの道のりは，決して一人で歩いてきたわけではなく，多くの方の支えをいただきながらの旅でした。

　制作過程では，仙台心理療法を学ぶ会のメンバーである川村素子

先生と有住洋子先生，横浜家庭裁判所川崎支部の野田昌道先生に試作版の Sweet Code を使っていただき，いくつかの重大な問題点を発見していただいたり，使用感についての貴重なご意見をいただきました。また，ここにお名前が挙がっていない先生方にも使っていただきコメントや励ましをいただきました。ありがとうございました。こうした皆様の手によって実務のなかで鍛えられることで，Sweet Code は少しずつ使いやすいツールへと成長することができたと思います。

　出版に際して慣れない作業のためついつい進みが遅れがちになる私を，それこそスイートにサポートしてくださった金剛出版の藤井裕二氏にも感謝申し上げます。

　EJA の中村紀子先生には，コーディングについての貴重なエッセンスが所狭しと散りばめられた，まるで EJA の講座をライブで聞いているかのような「はじめに」を書いていただきました。この文章が読めるだけでも大変価値のあるものと思います。お忙しいなかご執筆いただき大変ありがとうございました。

　Sweet Code はひとつの道具であって，それを上手に使うためには基礎となる知識が不可欠です。「300 の練習問題を 3 回やってください」と中村先生は書いていますが，その前に是非「はじめに」を 3 回お読みください。

　そして何より，最も近くで最も頻繁にこのソフトを使い，欲しい機能の要望や操作上の不満点を遠慮なく指摘してくれた大関美香子氏に感謝します。その発想の豊かさや柔軟さがなければ，Sweet Code は現在の形にはなりませんでした。ありがとうございました。

2016 年 5 月
大関信隆

監修

中村紀子（なかむら・のりこ）

上智大学大学院博士後期課程満期退学。臨床心理学専攻，臨床心理士。中村心理療法研究室，エクスナー・ジャパン・アソシエイツ代表。包括システムによる日本ロールシャッハ学会顧問，国際ロールシャッハ学会会長。

主要著訳書――『ロールシャッハ・テスト講義Ⅰ』（金剛出版，2010）『ロールシャッハ・テスト――包括システムの基礎と解釈の原理』（ジョン・E・エクスナー著，野田昌道との共訳，金剛出版，2009）『ロールシャッハ・テスト ワークブック（第5版）』（ジョン・E・エクスナー著，西尾博行・津川律子との共訳，金剛出版，2003）『ロールシャッハの解釈』（ジョン・E・エクスナー著，野田昌道との共訳，金剛出版，2002）ほか。

制作

大関信隆（おおぜき・のぶたか）

東北大学大学院博士後期課程満期退学。心理学専攻，臨床心理士。東北福祉大学教育学部。

主著――『特別支援教育支援員ハンドブック』（分担執筆，日本文化科学社，2010）『ライフサイクルからよむ障害者の心理と支援』（分担執筆，福村出版，2009）ほか。

ロールシャッハ・テスト
Sweet Code Ver.2
[スイート・コード]
コーディング・システム

第 1 版発行　　2010 年 7 月 20 日
第 2 版第 1 刷　2016 年 6 月 20 日
第 2 版第 2 刷　2023 年 12 月 20 日

監修者　　　中村紀子
制作者　　　大関信隆
発行者　　　立石正信
発行所　　　株式会社 金剛出版　https://www.kongoshuppan.co.jp/
　　　　　　〒 112-0005　東京都文京区水道 1-5-16
　　　　　　電話 03-3815-6661　振替 00120-6-34848
装丁　　　　戸塚泰雄（nu）
本文組版　　石倉康次
印刷・製本　シナノ印刷
ISBN978-4-7724-1497-5　C3011　　Printed in Japan　©2016

ロールシャッハ・テスト
包括システムの基礎と解釈の原理

［著］＝ジョン・E・エクスナー
［監訳］＝中村紀子　野田昌道

B5判　上製　776頁　定価19,800円

ロールシャッハ・テストの施行法や解釈原理のみならず
テストの成立過程や基礎研究を網羅する。
包括システムの基礎と原理を習得するための
決定版マニュアル。

ロールシャッハ・テスト講義 I
基礎篇

［著］＝中村紀子

A5判　上製　300頁　定価4,620円

コーディングのちょっとした一工夫，
施行のチェックポイントなど，
ベテランだけが知るテクニックを惜しみなく語った
初学者対象・やさしいロールシャッハ入門。

ロールシャッハ・テスト講義 II
解釈篇

［著］＝中村紀子

A5判　上製　320頁　定価4,620円

『ロールシャッハ・テスト講義 I』に次ぐ第2弾＝解釈篇。
クラスター解釈によってデータを精査して
受検者の回復に役立つアセスメントスキルを披露する
一歩先を行くロールシャッハ応用テクニック。

価格は10%税込です。